AF347033

LAS PALABRAS SON ARAÑAS

ExLibric

SARA LAFUENTE

LAS PALABRAS SON ARAÑAS

EXLIBRIC

ANTEQUERA 2020

SARA LAFUENTE

LAS PALABRAS SON ARAÑAS

Índice

Preámbulo a los versos

Querido lector, no quiero ni puedo hacer cuenta sobre las horas que he pasado pensando en ti. Después de tanto tiempo preparándome para ti, al final he conseguido llegar al punto que buscaba. La escritura me parece arte, el arte de saber aunar palabras, el arte de crear esas ideas, sentimientos e imágenes con tan solo un par de operaciones sumatorias, porque las palabras siempre suman, nunca restan.

Para mí las palabras son arañas, arañas que tejen y unen estas unidades para crear ideas, para crear frases. Hay frases que son igual de estremecedoras que una gran telaraña bien hecha. Hay telarañas que son poesía. Siempre quise escribirte, y siempre quise ser leída; dejar sobre el papel mis ideas, las cosas que vi y en las que pensé. Los sentimientos que me vencieron, los que me hicieron ser como soy y los que conviven conmigo.

Bienvenido a mi pequeño "exilio vocabilístico", bienvenido al remanso de mi mundo interior. Te regalo un pequeño trozo de mí, un atisbo de mis ideas versadas. Te regalo la libertad que me han otorgado mis propias palabras.

Con todo mi cariño,
Sara.

TIERRA

AGUA

Que estos versos que ahora te lamen las heridas
lleguen a lo más profundo.
Que las letras que aquí te dejo
destilen canciones de soledad.

No todo es blanco o negro.
Y la vida, desde la tinta de mi pluma,
mil veces se me va.

Tan solo he sabido encontrar en mi poesía
un pequeño oasis de libertad.

AZAHAR

Qué amarillo era el trigal
por el que solía pasear,
dejando a la vida caminar.
¡Qué amarillo era el trigal!

Qué verdes eran los campos
sentados frente al mar.
Montaña y mar se fundían sin descanso
mirando al sol en su posar.

Cuántos años tuvieron que pasar,
que ahora me hallo lejos, en la costa del Azahar.

EL CAMINANTE SOBRE EL MAR DE NUBES

Esbelta silueta talla el horizonte,
sobre una roca se mostraba impasivo;
entre nubes paseaba su mirada ausente,
su rostro se dibujaba intranquilo.

Un hombre sobre una roca se posaba,
las nubes se vestían de algodón.
Nunca podré descubrir aquello a lo que miraba,
ni siquiera me mostró su corazón.

Un hombre se posaba resuelto
en la faena del vivir,
y sobre aquel monte esbelto
el hombre fue a morir.

Fe mojada

No pienses que me voy.
Da igual, esta vez es distinto.
Esta vez no voy a atar cabos,
no hay puertos para mí.

Mi alma no descansa.
Las olas la mecen
y se encuentra adormilada.

No quiere salir de esta inmensidad infinita.
No quiere ver nada más que agua,
ni siquiera recordar lo que hay ahí fuera.

Solo quiere agua, agua y agua.

LA VIDA ES UNA FRASE HECHA

Y aunque por mucho madrugar
no amanezca más temprano,
¡ancha es Castilla,
y qué verdes eran sus campos!

CATARSIS

Los pies vuelan sobre mi cabeza,
van dando tumbos y se enredan;
brincan sobre las horas, y estrechos
se deslizan entre el tiempo.

Sin miedo a vivir,
sin miedo a contarlo,
sin preocuparse de ser o estar,
solo viajando a contratiempo.

Los pies ahora me caminan cerca del cielo
y han asomado la cabeza por el agujero.
Y allí arriba, en aquel reino,
no se asoma ninguna realidad con complejos.

Justo allí arriba se han parado.
No han seguido su camino,
se han posado a esperar
en un presente fortuito.

LAMENTO DEL POETA

Poeta de luna,
músico a la soledad.

No se posa sobre él
el rocío ni el clavel.

Los luceros no se encienden,
las calles no le buscan,
porque saben que el poeta ya no está.

No está en los parques ni en los bares.
No está en los recuerdos de las calles.
El poeta ya no está.

Solo queda su lamento
por no querer pensar
y por dejar pasar el tiempo.

Solo quedan los esbozos de una vida llena de sufrimiento
Y ahora, ¿quién canta su lamento?

CADENAS

Caballos negros con melenas desbocadas
trazan con sus hermosas herraduras nuestro camino,
y sobre ellas muestran la senda ya marcada.

Son solo ellos los que saben el destino
de nuestras vidas ya abocadas,
a lo más profundo del abismo.

Caballos negros llegan a trotadas
irrumpiendo por el sendero,
buscando la luna enterrada.

Un clavel juega a ser su señuelo
para atraparlos en la noche,
la noche que ahora ya está encerrada.

RESPLANDOR

Desconsolados van a llorarle a la luna,
sin poemas ni canciones para dedicarle.
Gimiendo y llorando penas de cuna,
bienaventurados osan a cantarle.

Rugen los jinetes,
arden las espuelas,
jadean los caballos,
sedientos tiran de las correas.

Buscan el lago
a donde van a nacer las estrellas.
Susurrantes siguen el camino,
y son los destellos los que indican el destino.

Beben calma,
sueñan miedo.
Recogen del prado
estos versos que escribo.

Vuelven por el camino
tristes y afligidos,
porque saben que su vida
llega al fin de su sentido.

En el pueblo lloran:
¡ya no hay caballos!
En el pueblo cantan
y les piden a los santos.

Pídanles por su alma,
que ahora resta en el camino.
No hay tumbas
para estos tristes amigos.

Lloran los jinetes.
Ya no tienen compañeros de noche,
ya no tienen quien escuche su prosa.
¡Qué tristes estos se lamentan!

TENGO UN GATO NEGRO

Tengo un gato negro
que aprieta y ahoga
pero con respiro,
y que me ahorca
en menos de un suspiro.
Tengo un gato negro
atormentando a deshora.
El gato siempre estaba esperando
para cuando amainara la tormenta,
para cuando el sol saliera,
el gato siembre estaba esperando.

Tengo un gato negro
atormentando a deshora,
que poco a poco se va haciendo mi sombra.

Cuando la luz se apaga,
cuando el cielo se desvanece,
cuando siempre es noche,
cuando la nada es todo lo que se tiene.

Tengo un gato negro
atormentando a deshora,
que poco a poco se va haciendo mi sombra.
Juega en mi cabeza a enredar las ideas.

A veces se hace fuerte
y crece en mis entrañas.
A veces sus uñas de hierro
queman como fuego en mi sangre.

Tengo un gato negro
atormentando a deshora,
que poco a poco se va haciendo mi sombra.
Juega en mi cabeza a enredar las ideas,
a consumirme la vida,
a vivir a mi costa,
a comerme,
a quererle,
a saborearle,
a enterrarme.
Tengo un gato negro.

OJOS DE SENTIR

Ojos que no ven
cómo se ilumina mi soledad.
Ojos que no sienten
cómo llega la oscuridad.

Ojos que no maúllan al poeta,
luna perdía en la madrugá.
Gatos iluminados ante mis ojos.
Ojos, mis ojos, son solo los míos,
los que ya no tienen na.

Pero a dentelladas y trompicones
consiguen la montaña escalar.
Y desde aquella abrumadora vista
la vida sabe más a colores.

Aunque a veces
eche de menos
unos ojos a las cinco,
a las cinco de la madrugá.

IN MEMORIAM

HAMBRE

Nacen de mi hastío los versos más tristes,
porque el sol de invierno ya no calienta este frío.

Brota dentro de mí la desolación ardiente,
como un suspiro que yace latente.

Crecen en mi hambre ideas que vienen y van,
y ahora este vino ya no necesita pan.

HIMNO DEL POETA EXILIADO

Cuando el mar ya no se refleje en mis pupilas,
cuando el alma comience a arder en mi interior,
cuando consiga apartarme del exterior,
cuando el atardecer se pose en mi cuerpo,

entonces tú, conmigo.

Y si las ideas no brotan,
y si la tinta de la poesía ya no corre por mis venas,
y si los versos en mí ya no flotan,
y si no resurge la lírica de mis cenizas,

entonces tú, sinmigo.

Cuando todo esto ocurra,
no lo lamentaré,
aceptaré mi condena y exilio,
y solo sobre tus brazos vencer me dejaré,

entonces, tú.

INTERMITENCIA

El cielo podría comerme de un bocado
cuando siento que tú, conmigo, a mi lado.
Las estrellas se han organizado por ti
y todas ellas hoy te ven sonreír.

Como una lluvia de meteoros, así serías tú.
Como una tormenta marina llenita de luz,
algo inalcanzable. Te respiro y vuelas.
Te siento, te esfumas.

Te mueves más rápido que la energía,
y ahora todo se ha convertido en un callejón sin salida.
Y aunque muchas otras vidas tuviera,
solo contigo vivirlas quisiera,
porque me falto al estar en ti.

Los luceros mueren,
el cielo se apaga,
los ruiseñores ya no cantan
tus baladas de madrugada.

¿Quién se acordará de ti?
¿Quién notará tu ausencia?
¿Quién echará de menos tus ojos
a la luz de la luna llena?

Yo, que me he quedado ciega,
ahora busco aquel sueño que me desvela.
Yo, que ando a oscuras,
ya voy camino de la locura.
El tiempo hará de mí, y yo haré de él,
esclavos de sirvientes.

LA VIDA ENTRE GUITARRAS

Cuando los dedos acarician las suaves cuerdas,
el mástil comienza a vibrar,
las notas abren las puertas
y la música comienza a sonar.

Entre melodías aparece susurrante,
casi como si de un espectro se tratase,
y es entonces cuando ya no puedes parar.

Te enganchas, te quemas,
te hierve la sangre.
Y empiezas a preguntarte:

¿Qué pasó? ¿Cómo sucedió?

Ya ni siquiera me veo en tus ojos,
ya no sonríes al caminar.
Te perdiste ente las sombras,
y ahora es difícil regresar.

IDEAS MOLDEADAS DE UNA REALIDAD

Por esta manía de no saber,
de ser tantas personas dentro de una misma.
Por este complejo de querer,
de vivir a quemarropa en esta isla
desde la que nunca se atisba
un pequeño esbozo de libertad.

Por esta manía de buscar siempre
algunos brazos en los que poder descansar.
Porque cuando mi mente eche a volar,
sé que ya no voy a poder parar.

¡Qué manía la de vivir del recuerdo!
¡Qué sufrimiento este el de la verdad
y el de saber tan solo en secreto
de las horas que pasé contigo!
Esas mismas ya nunca volverán.

¡Qué oscuras se hacen mis manías
desde que las tuyas no las quieren para jugar!
¡Qué lentas se pasan las horas
sabiendo que ya no habrá más noches!
Enredados, desnudos,
bañándonos en los placeres y sus lujos,
en las que las emociones vibrando
se respiraban en el aire,

y en las que nos fundíamos juntos, frente a frente,
mientras el tiempo y los meses se volvían a posar.

EL PARÓN QUE DIO EL TIEMPO LO PUSO

TODO DEL REVÉS

Los días en tu sonrisa fueron los mejores.
Las miradas penetrantes nos marcaban los compases.
El reloj de viento supo poner en tus brazos
las horas infinitas que me dieron tus viejos abrazos.

Luz efímera que llamas a deshora,
haz que mi cama deje de recordar la vida
vista desde tu ombligo;
haz que el corazón que palpitaba
deje de lanzarme suspiros,
porque aún sus manos en mi cuerpo recordaba.

Camino truncado que te abres de mi herida,
deja que su voz salga por mi ventana
y que deje de ser testigo de cómo en ti
de pensar yo no cesaba.

DÓNDE QUIERO QUE ESTÉS

Quiero verte los pies caminando,
verte en los ojos el azul del cielo,
reflejándote en todas las sonrisas
de todos los labios que sobre mí revolotearon.

Quiero verte en los puertos
buscando a los barcos,
y sinuosa por las calles
susurrándole a los parques.

Quiero verte por los viejos molinos
gritando torrentes de agua,
mojando las flores de cartón,
y muriendo con las olas en la orilla.

DESAUSENCIA

Sentada en la arena,
la arena que mojan las olas,
las olas que se mueven al vaivén de la marea.

Tiré una pequeña piedra
que rebotaba sobre las olas,
creando ondas hasta que desapareció.

Desapareció con tu cuerpo,
desapareció con tu vida,
desapareció entre la marea.

Pero las ondas se mantenían,
porque las ondas son tu recuerdo,
tu inmenso recuerdo perenne.

Tan fuerte como las olas,
las olas que me hacen ser más fuerte
que la muerte si vas a mi lado,
y tú siempre vivirás en mí.

EN MITAD DE UN VERSO

Hoy quiero escribir y no pensar.
Quiero escribir, dejar que pase el tiempo,
y que así el dolor que dejaste en mis adentros
se resuelva él solo muy lento.

¡No quiero saber de mi desvelo!
Hoy quiero aullarle a la luna,
quiero aullarle para que me cante
alguna canción de cuna.

Se duerme mi alma,
ya no sueña miedo.
Solo necesito a la luna
para que se ilumine mi cielo.

Nunca me imaginé que la peor despedida
fuera la que se queda en mitad de un verso.

A TODOS ELLOS

Son ellos, ellos y nadie más.
No cambiaría nada en el mundo por saber de su amistad.
La más imperfecta, pero la más leal,
en la que miles de planes se quedan en un 'quizás'.

¿En un quizás por quién? ¿Por una cerveza?
Pues pa'llá vamos. Espéranos a la izquierda
de la puerta del bar,
entre colegas, risas y cigarros
bebiéndonos la vida en su posar.

En su quizás te encuentre al fondo del vaso
y en los hombros de los que están,
de los que tú a veces has llevado
y de los que te llevarán.

HERIDA ABIERTA
Y CICATRIZ

HABLANDO DE AMOR

El amor quita el hambre.
El amor quita el sueño.
El amor no conoce de horas
y tampoco habla de reproches.

Hablan los sabios de realidades desconocidas,
de sueños rotos, de heridas vacías.
Cuentan historias que seducen a la vida
entre bares, copas y bebidas.

Sobrios de miedos, embriagados de muerte,
porque a los que sintieron
esas mariposas quemando con sus alas
ya no les queda nada.

Los minutos y las horas esperan impacientes.
¡Que llegue ya la hora, que llegue!
Ya no necesitan vivir quemando.
Ya solo esperan el infinito descanso.

POESÍA PARA LA CORDURA

Hablan de drogas y no han visto tu piel
con la primera luz del sol.
Hablan de sentir, no tiemblan por nada.
Hablan del poeta, y ni siquiera vieron su actuación.
Hablan de la muerte, y no les entran ni las ganas.

¡Que vengan a hablarme de todo esto,
que yo les espero entre girasoles!
Que yo anhelo que comprendan
que la vida no es siempre de colores.

¡Y que vengan a decirme que perdí la cordura!
Malditos necios, ellos lo desconocen:
en un mundo como este,
son solo los locos los que sobreviven.

POESÍA PARA TUS ENTRAÑAS

Su cuerpo era arte.
Arte porque despertaba tempestades en mí,
me desgarraba las entrañas.
Arte porque nunca vi unos lunares como aquellos,
esos que te dejan sin aliento.
Imposibles de recorrer con mi boca.

Su cuerpo era imposible.
Imposible porque me erizaba la piel,
la piel que ya no siente si su cuerpo no la roza,
la piel que se marchita sin su aroma.

Su cuerpo era poesía,
pero más poesía era aquella que escribía con su boca.

IDEAS DESNUDAS

Hace mucho que no me siento
a enfrentar palabras y pensamientos.
Hace mucho que no me siento a lidiar
aquella batalla con el sentimiento.

¿Y por qué no pensar?
¿No me sienta tan bien como al resto?

¿Y por qué mi alma
no consigue encontrar la calma
dentro de estas mareas
que no son de personas, sino de gente?

¿Y por qué dejaste de ser tú
en tu rica esencia,
para convertirte en otra bestia atroz
dentro de la gran marea feroz
que se ha creado entre la gente?

¿Por qué es tan difícil
asumir que todos deberíamos ser diferentes?

¿Por qué no dejan querer
y permiten que exista el odio?

¿Por qué siguen buscándole los tres pies al gato?

Hace mucho que no me siento a pensar
en cómo solucionar mi realidad.
Porque es cierto eso de que el cambio hace daño,
pero me siento fuerte ante la soledad.

Solo ser

Quiero verme los pies errando,
solo ser a través de los sentidos,
captando cada momento por mis ojos,
saboreando cada sabor que me brinde el destino,
rozando cada piel que se atreva,
y vivir la vida a través de sus olores.

ALLÍ ABAJO

Allí abajo no existen las banderas,
el dinero siempre ha estado en otro plano
y la gente no entiende de fronteras.

Aunque las guerras la hayan distorsionado,
la vida sigue siendo maravillosa…
allí abajo.

Justo donde las sonrisas no acaban,
donde las miradas son de colores.

Allí no yace lo muerto.
Todo perece, la vida se vuelve perenne
y no hay lugar para los cuerdos.

Justo donde las sonrisas no acaban,
donde las miradas son de colores.

¡Allí abajo! ¡Sin medios! ¡La gente sigue siendo feliz!

Qué sorpresa, aunque no es de extrañar
que cuanto más simple hacemos el camino,
más fácil se hace el andar.

LÁGRIMAS DE TIERRA

Me encontré en un mundo perdido;
atisbé la libertad de los caídos
y luché por todos los vencidos;
caminé por el camino de lo prohibido.

Vi la vida en llamas,
la pobreza y el hambre.
Ellos, mientras, seguían en sus trece,
rellenando sus sobres.

París lloró en una punta;
en su otro extremo Hollande no temblaba
mientras seguía con su tráfico de armas.

América Latina pedía libertad
entre hambres y precariedad,
pero Trump solo pensaba en un muro para su nación,
su gran nación.

El mundo mata, muere.
Y yo me encontré allí entre tantos,
buscando a los perdidos,
llorando a los que se han ido.

El mundo se ha roto. ¿Quién está dispuesto a salvarlo?

A LA SERPIENTE

Me pondré faldas más cortas,
mis labios se vestirán de rojo;
más maquillaje, menos;
menos vestidos, menos pantalones.

Más o menos. Todo dará igual,
porque seré yo la que decida.

Levantaré más la voz
y mis pensamientos serán más fuertes.
Con mis argumentos en mano
ya no habrá quien me calle.

Y seré una gran empresaria, o conductora de camiones,
carpintera en Soria, o tal vez escriba sobre lo que piense.
Seré cómo y lo que quiera ser,
y entonces dará igual que sea mujer u hombre.

Solo entonces caminaré tranquila por la calle.

Intensidad

Lo personal es político,
y mi cuerpo ahora mismo
es un territorio fronterizo.
Me dicen deslenguada,
que me involucro demasiado,
intensita.
Y feminazi, por supuesto.
Nunca falta.

Pero mi vida es mi lucha
y no solo me quiero enfrentar a mis demonios.
También quiero luchar contra los de la sociedad.

No quiero tener miedo de ir sola por la calle,
o de sentarme en alguna barra de bar.
Tampoco quiero que comentes mi cuerpo
de paso, que paso por la calle al caminar.

Quiero estar tranquila en todo momento
y no tener nada ni nadie de lo que temer.
No me gusta que intenten quitarme mis derechos.
Que si me descuido, en un momento,
por la puerta trasera y sin hacer ruido se me van.
Parece que el mundo ha hecho un pacto de silencio,
pero yo no me voy a callar.

Hay demasiados temas que me preocupan:
la homofobia, el racismo,
el instinto de superioridad,
la despoblación, el cambio climático
y la falta de sororidad.
Y lo siento si molesto,
pero ya nunca más voy a dejar de gritar.

TRABAJO FRENTE AL ESPEJO

El invento del siglo,
el mejor invento de la humanidad,
ha dejado de ser utilizado con buenos propósitos.
Ya nadie busca en él su verdad,
y solo recogen meros reflejos
de todo lo que puede haber detrás.

Yo no me miro buscando mi belleza física.
Yo me miro buscando la verdad de mí,
mi profundo ser, lo que me compone.
Hasta ahora no me gustaba lo que veía,
y solo pasaba los ojos muy por encima.
No quería reconocer que lo que había delante era tristeza.

Ahora ya lo veo todo.
Me veo a mí, conmigo.
He hecho las paces con la Sara del espejo.
La vida se ve de otra forma.
Veo a alguien más seguro, reformada.
Me rehabilité. Ahora sí que me le alegro de mí.

A LAS DOCE DE LA NOCHE

Una vez más
el vértigo del papel blanco
agarra mi garganta
y me hace un nudo muy fuerte
gracias poesía por dejarme decir
lo que mi voz a veces no puede
y gracias por sacarme de dentro
todas mis serpientes
ahora me he liberado
me veo distinta
muy diferente
desde aquí arriba
desde luego que las vistas son mucho mejores
me siento fuerte ante el vacío
y no soy solo yo
estamos juntas en esto
¡Qué viva la lucha de las mu-je-res!
¡Ya es primavera en nosotras!
Dueñas de nuestra soledad y del desafío
ahora ya dueñas de nosotras mismas
vivas libres y sin miedo
con certeza
se ha hecho de noche en la jungla
y por fin se ha despertado la pantera
miradnos ahora
disfrutando del espacio

caminando por las calles
a las doce de la noche
sin insultos desde sus coches
y pasear...
sin andar acompañadas.

THE CLIMB

Lo que espera al otro lado
y lo que ya no se queda en este.
La inminente tierra de nadie.
Aquí estoy sentada,
en el jodido ojo del huracán,
y siento el calor que se desprende
en el ambiente antes de la tormenta.
No sé ni por dónde empezar.
Si, quizás, lo primero sería
quererme a mí misma de verdad,
o si tal vez debiera pensar
en el estado de emergencia del cambio climático.
Maybe, podría intentar no culpabilizarme tanto
y dejarlo pasar,
aprender a base de prueba y error,
y autocrítica, muy importante.
Pero es que tal vez lo que me preocupa ahora mismo
es la ocupación de la ultraderecha en los gobiernos.
¡Que el mundo se va a la mierda!
¿Treinta años para tomar medidas?
¿Sube la temperatura?
¿Padres preocupados por el futuro de sus hijos?
Nadie al volante.
Y eso que yo no quiero tenerlos.
O las guerras gratuitas, entre civiles, por supuesto,
la corrupción justificada, los asesinatos impunes,

la tensión global.
Todo mal.
Y sé que si sigo teorizando *ad infinitum,*
no voy a ningún lado,
pero una se queda con las ganas.
La misma que luego, en muchas otras ocasiones,
se ha visto hasta las cejas de patriarcado,
y ha sonreído y asentido.
Sí, sí, no todos los comienzos son bonitos.
El mío, con el feminismo, no lo fue.
O mejor dicho, fue oscuro.
Porque esto sí que puedo decirlo con orgullo:
mi vida ha florecido
desde nuestro primer encuentro.

A veces, del más profundo dolor
puede nacer el amor más puro
hacia una misma, para curarla.
Menos mal que estás tú,
porque si no, ¿qué sería de ti?
And then, I manage myself to get off all that stuff.
Veo el huracán desde fuera,
y aunque el viento me tambalea todavía,
puedo respirar aire fresco.
Qué maravilla.
Qué placer el aire en la cara.
La mejor tormenta de mi vida.

LISTA DE DESEOS POR INCUMPLIR

Rescatar leones en la sabana.
Conducir barcas en la Albufera.
Escribir, escribir y seguir escribiendo.
Mentir.
Ser la manager de algún artista
embravecido por la fama.
Ser mi propia manager.
Montar una editorial.
Ser el florero de algún girasol.
Tener un chalé en la luna.
Ser mercader en Bombay.
Ser cantaora en Jerez y flamenca en Sevilla.
Ser flor en primavera.
Ser cualquier acera que pisen tus pies.
Ser el sol a mediodía.
Ser el ojo del huracán.
La tinta de las canciones de Sabina.
Parada de metro en Madrid.
Una pantera con ojos amarillos.
Una muñeira en Galicia.
El viento del Monzón.
Una manzana sin arrancar.
Ser un halcón peregrino.
Las raíces del sauce de la Cruxeira.
Una farola del Paseo Pereda.
Un velero sin puerto.

Una brisa mediterránea.
Un acantilado en Möher.
La guitarra de los Gritando.
O un verso de Extremoduro.
Un collar en un escote.
El sudor de una vela.
El humo de la marihuana que roce tus labios.
El sabor de aquellas fresas sobre tu piel.
Quiero ser infiel.
Parisino con piso en Montmartre.
Músico en Benimaclet.
Traje de chaqué en la graduación.
Una Vespa en Roma.
Y una góndola en Venecia.
El vestido de esa tal Carolina.
Quiero ser una mentira en un poema.
Una caracola arrastrada por la marea.
Quiero ser gato pardo durmiendo a la sombra.
O un cantautor por Sudamérica.
Quiero ser exploradora en Egipto.
Y una puesta de sol en Bali.
Ser el Hey Oh! de los Red Hots.
El hielo de un *whisky* irlandés.
Mozárabe en Granada.
Okupa en Berlín.
Artista en París.
O una Guiness en Dublín.
Un sombrero de paja en el campo.
Una encina bajo la sierra.

Un río que huye corriente abajo fugitivo.
El vuelo de alguna falda bailando.
Los botones de un saxo al ritmo de *jazz*.
Los versos de Lorca
y vivir en la ciudad de los gitanos.
Quiero ser un taburete en una barra de bar
y una grandísima académica (en el grupo de los ísimos).
Quiero ser el escenario de algún teatro
y tener mi propia compañía.
Ser cínica.
También quiero ser orfebre.
Y un pintor de Florencia.
Ser honrada y leal a mis amigos.
Quiero ser Barcelona a las seis de la mañana.
El café de las cuatro.
Quiero ser un irse de cañas en Béjar.
Quiero ser el cartero de Neruda.
Unas gotas cayendo por el cristal de la ventana.
Un carajillo para la inspiración.
El escritorio de Poe.
Quiero ser Alicia en el País de las Maravillas.
Una palmera en Cuba.
Aceite de coco sobre tu piel.
Un sistema que fracase.
Quiero ser el café de un vagabundo en Times Square
y una paloma de Manhattan.
Una carta inesperada
y unas cervezas en Valencia.
Quiero tener una librería.

Quiero vivir a quemarropa.
Ser una madrugada.
Quiero ser la Avenida de Cataluña vacía
y la Primavera Valenciana.
Una furgoneta con más de ochocientos mil kilómetros.
Quiero no tener nunca un destino.
Quiero ser caricias de canela.
Y sexo de vino tinto.
Quiero ser un tango, mejor, el Tango Suicida.
Quiero la casa por la ventana
y un verano en Aldeanueva.
Quiero ser mil castillos en el aire
y cerezo en flor.
Quiero ser gato negro bajo una escalera.
Quiero ser un acento irlandés.
Quiero ser una estampida de caballos nocturna
y poder ver siempre tus ojos a la luz de la luna.
Quiero ser el ambiente de un festival.
Una excursión en camello.
El lunar de tu labio.
El riff de una canción.
La pirotecnia de los hermanos Caballer.
Quiero ser el sombrero de El Principito
y la serpiente.
Un calendario fugaz.
Una agenda por incumplir.
Quiero ser la prisa de una urgencia.
Mi manta morada.
Un colchón en la terraza.

Quiero ser la noche de las Perseidas
y el simpático amigo que no ve ni una estrella fugaz.
Quiero ser profe de plástica
y una lectora voraz.
Quiero mandar a la mierda las normas impuestas.
Reírme en la cara de los académicos con excentricidad.
Un faro, siempre quise serlo, en muchos sitios distintos.
Un campo de girasoles al sol.
El azahar que se respira en Santa Cruz.
Quiero ser unos labios con carmín.
Quiero ser el mayo del 68 de París.
Quiero ser vino y rosas.

Sobre la autora

Sara Lafuente nació en Béjar en 1996. En palabras del poeta José María Gabriel y Galán, en «la verde maravilla, de belleza y de frescura, que puso Dios a la orilla, del desierto de Castilla, y del erial de Extremadura». Actualmente reside en Valencia, donde ha cursado sus estudios de Filología y un máster de Gestión Cultural. Siempre tiene la mirada puesta en su tierra, a la que con el tiempo espera poder devolverle de alguna manera todo lo que le ha aportado.